Ce livre appartient à :

Casterman
Cantersteen 47
1000 Bruxelles

www.casterman.com

ISBN : 978-2-203-10735-9
N° d'édition : L.10EJCN000524.C003

Achevé d'imprimer en mars 2018, en France - 84637.
Dépôt légal : mars 2016 ; D.2016/0053/109
Déposé au ministère de la Justice, Paris (loi n°49.956 du 16 juillet 1949 sur les publications destinées à la jeunesse).

martine

en classe de découverte

d'après les albums de Gilbert Delahaye et Marcel Marlier

casterman

Il est 8 heures, le soleil
n'est pas encore levé.
Aujourd'hui, Martine
a le cœur qui bat à l'idée
de partir en excursion
avec l'école.
D'une main, elle essuie
la buée de la vitre du car
qui va les emmener.

– Attendez-moi !
Attendez-moi !
C'est Ludo. Ouf ! Il arrive juste à temps, mais complètement à bout de souffle.

– Bouh ! Je me suis trop énervé, maintenant j'ai le mal des transports, déclare-t-il après quelques minutes.

À l'arrivée, une guide
accueille les enfants :

– Bonjour ! Je m'appelle Carine. Je vous propose de partir à la découverte des oiseaux du monde entier. Mais chut ! Il va falloir parler tout doucement pour ne pas les effrayer.

On s'attarde un peu à la ferme miniature, juste le

temps de jouer à « je-te-tiens-par-la-barbichette » avec le bouquetin.

Mais il faut avancer.

– Voici les perroquets.
Ils appartiennent à la famille
des PSITTACIDÉS.
Ceux-ci s'appellent
les inséparables.

Et celui-là, c'est un ara bleu.

Tous ont un bec puissant.

C'est une véritable pince qui

leur permet de décortiquer

les aliments.

Un peu plus loin, dans l'immense volière, Martine et Ludo tombent nez à nez avec des oiseaux majestueux.

Ce sont des grues couronnées. Elles s'inclinent profondément en secouant leur crête, comme pour saluer les enfants.

– Regardez les ibis rouges.
Ils vivent en Amérique du Sud. Et à côté, ce sont les spatules blanches avec leur bec en forme de cuillère.

Tout à coup, un violent orage éclate ! La pluie se met à tomber.

Vite le parapluie !

Comme s'il voulait faire concurrence aux coups de tonnerre, un savacou se met à pousser des cris rauques et claque du bec.

– Comment faire pour le dessiner, il bouge tout le temps ! s'impatiente Martine.

On quitte la grande volière pour la serre tropicale.
Quelle chaleur !
À certains endroits, on se croirait dans le désert.

Ouf, nous voici
à l'air frais.

Un petit moment de détente
à la plaine de jeux.
Décidément, Ludo n'a pas
de chance. Un verre de ses
lunettes est tombé.

Heureusement, Martine
réussit à le remettre
en place.

– Super, je vois mieux
qu'avant ! s'émerveille Ludo.

Après le pique-nique, chacun s'installe dans l'atelier de bricolage.

Carine distribue de
la terre glaise et
un peu d'eau.
La chouette de
Ludo est très jolie
avec sa tête en forme de
cœur. On dirait qu'elle va
s'envoler.

La guide conduit maintenant les enfants dans un décor de ruines médiévales.

Du haut d'une tour, une chouette s'envole.

Sans bruit, elle plane au-dessus de l'assemblée.

FRRRR !

Ensuite, le dresseur pose la chouette délicatement sur la tête de Sylvie. Cela fait un peu peur.

Mais il n'y a aucun danger : les démonstrations sont longuement préparées.

Vite encore un petit détour par l'étang. Clic clac !

Il est temps de rentrer.

Tout le monde semble bien fatigué. On se compte.

Ludo manque à l'appel.

Par où a-t-il bien pu passer ?

Et Martine ?

Elle est partie à sa recherche.

Voilà le jardinier :
il transporte un oiseau
bizarre dans sa brouette.
– Mais c'est Ludo !

– J'ai glissé en voulant attraper une jolie plume qui flottait sur l'eau, dit-il tout penaud.

Quelle journée !
Nous en aurons
des choses à raconter,
pense Martine.

Titres disponibles

1. **martine** petit rat de l'opéra
2. **martine** un trésor de poney
3. **martine** apprend à nager
4. **martine** un mercredi formidable
5. **martine** la nouvelle élève
6. **martine** a perdu son chien
7. **martine** à la montagne
8. **martine** fait du théâtre
9. **martine** et la sorcière
10. **martine** en classe de découverte
11. **martine** se dispute
12. **martine** déménage
13. **martine** et le cadeau d'anniversaire
14. **martine** monte à cheval
15. **martine** la nuit de noël
16. **martine** est malade
17. **martine** fait les courses
18. **martine** drôle de chien
19. **martine** et les lapins du jardin
20. **martine** en bateau
21. **martine** à la mer
22. **martine** et les fantômes
23. **martine** au pays des contes
24. **martine**, princesses et chevaliers
25. **martine** à la maison
26. **martine** et les chatons
27. **martine** à la fête foraine
28. **martine**, l'arche des animaux
29. **martine** garde son petit frère
30. **martine**, la leçon de dessin
31. **martine** et le petit âne
32. **martine** fait du vélo
33. **martine** dans la forêt
34. **martine** et les marmitons
35. **martine** au cirque
36. **martine** en voyage
37. **martine** la surprise
38. **martine** baby-sitter
39. **martine** fait du camping
40. **martine** et son ami le moineau
41. **martine** se déguise
42. **martine** protège la nature
43. **martine** fait de la musique
44. **martine** prend le train
45. **martine** en vacances
46. **martine** en montgolfière
47. **martine** au zoo
48. **martine** et le prince mystérieux
49. **martine** en avion
50. **martine** fête maman
51. **martine** à la ferme
52. **martine** et les quatre saisons
53. **martine**, vive la rentrée !
54. **martine** fait la cuisine
55. **martine** au parc
56. **martine** fait de la voile